[1] Hauptbahnhof

Als idealer Ausgangspunkt für einen Stadtrundgang durch Lübeck eignet sich der Hauptbahnhof, dessen Empfangsgebäude 1904/08 mit Elementen aus Renaissance, Barock und Jugendstil errichtet wurde. Bereits in den 1830er Jahren hatte ein Lübecker Kaufmann den Bau einer direkten Eisenbahnverbindung zwischen Hamburg und Lübeck vorgeschlagen. Doch zwischen den beiden Hansestädten lag holsteinisches Gebiet unter der Herrschaft von Dänemark, das sich dadurch benachteiligt sah. Weil die Dänen eine direkte Verbindung mit Hamburg verweigerten, gründete sich 1850 die Lübeck-Büchener Eisenbahn-Gesellschaft (LBE), die im Folgejahr ihren Betrieb bis in das östlich von Hamburg gelegene Büchen aufnahm. 1865 schließlich konnte die rund 63 Kilometer lange Direktverbindung nach Hamburg eingeweiht werden, 1882 folgte eine Linie nach Travemünde. Für das erste Bahnhofsgebäude, das in unmittelbarer Nähe der Stadtbefestigung lag, wurden das Äußere Holstentor und Wälle abgerissen. Rechts neben dem Empfangsgebäude erhebt sich ein verklinkerter Stahlskelettbau, der 1924 als Handelshof errichtet wurde und seit 2009 als Hotel genutzt wird.

Travemünde

An der Mündung der Trave gelegen, ist das rund 20 Kilometer vom Stadtzentrum entfernte Travemünde seit 1913 ein Stadtteil von Lübeck. Das Fischerdorf wurde im 12. Jahrhundert gegründet und ging 1329 endgültig in den Besitz der Hansestadt über. Die Schilderung des Alltags in dem 1802 zum »Seebad« ernannten Ort in den »Buddenbrooks« machte Travemünde international bekannt und zog illustre Gäste an. Zu den Sehenswürdigkeiten zählen der Alte Leuchtturm und die Kirche aus dem 16. Jahrhundert, das Seebadmuseum sowie natürlich der feine Sandstrand.

Merkur auf der Puppenbrücke

[2] Puppenbrücke

Über die sogenannte Puppenbrücke, die den Stadtgraben überspannt, gelangt man auf die ehemaligen Wallanlagen, die der Altstadtinsel von Lübeck vorgelagert waren. Die hölzerne Brücke, einer der Hauptzugänge der Hansestadt, wurde als erste der Stadt in den 1770er Jahren durch eine steinerne ersetzt. Ihren volkstümlichen Namen verdankt sie den Figuren des Bildhauers Dietrich Jürgen Boy, deren berühmteste von Emanuel Geibel (siehe S. 32) in einem Gedicht verewigt wurde: »In Lübeck auf der Brücken, / da steht der Gott Merkur. / Er zeigt in allen Stücken / olympische Figur. / Er wusste nicht von Hemden / in seiner Götterruh; / drum kehrt er allen Fremden / den bloßen Podex zu.« Der Legende nach hatte man den Götterboten so positioniert, dass er den Dänen sein blankes Hinterteil zeige. Die sandsteinernen Originalfiguren befinden sich heute im Museumsquartier St. Annen.

[3] Holstentor

Hanse
Unter Führung Lübecks entwickelte sich seit Mitte des 12. Jahrhunderts eine lose organisierte Interessengemeinschaft, die besonders die Nord- und Ostsee als Handelsgebiet erschloss und zunehmend große wirtschaftliche, politische und kulturelle Bedeutung gewann. Mitte des 14. Jahrhunderts wandelte sich die Kaufmanns- zur Städtehanse mit regelmäßigen Hansetagen, die mehrfach und zuletzt 1669 in Lübeck, der »Königin der Hanse«, tagten. Besonders der erstarkende Atlantik-Handel führte im 15. und 16. Jahrhundert zum Niedergang der Hanse. 2014 fand in Lübeck der 34. Hansetag der Neuzeit statt.

Tourist-Information
Jan.–Ostern/Nov.: Mo–Fr 9.30–17 Uhr, Sa 10–15 Uhr; Ostern–Okt./Dez.: Mo–Fr 9.30–18 Uhr, Sa/So 10–15 Uhr; www.luebeck-tourismus.de
Museum Holstentor *Jan.–März: Di–So 11–17 Uhr; Apr.–Dez.: Mo–So 10–18 Uhr*

Das Holstentor als Wahrzeichen von Lübeck zählt heute weltweit zu den bekanntesten Bauwerken Deutschlands. Lübeck, durch die Trave und die aufgestaute Wakenitz auf natürliche Weise beschützt, war seit dem 13. Jahrhundert von einer Stadtmauer mit vier Stadttoren umgeben, von denen nur das Burg- und das »Holstein-Tor« erhalten blieben. Da man die Befestigungsanlagen durch die zunehmende Verbreitung von Kanonen und Schusswaffen nicht mehr als wehrhaft genug erachtete, wurde das Innere Holstentor am Ufer der Trave 1464–1478 um das uns heute als Holstentor bekannte Stadttor erweitert. Allerdings war dieses zur Zeit seiner Errichtung bereits wehrtechnisch veraltet, sodass davor wenige Jahre später das Äußere Holstentor errichtet wurde (1853 für den Bau der Eisenbahn abgerissen). Daher ist anzunehmen, dass das nunmehr Mittlere Holstentor, also das bis heute bestehende, weniger der Verteidigung diente, sondern vielmehr Stärke und Macht der Hansestadt Lübeck repräsentieren sollte.

Zwei starkwandige Rundtürme mit hohen Kegelhelmen flankieren die rundbogige Durchfahrt. Darüber prangt die vergoldete Inschrift »CONCORDIA DOMI FORIS PAX« (Eintracht nach innen, Frieden nach außen). Über dem Mitteltrakt erhebt sich ein spitzbogiger Giebel, der jedoch im 19. Jahrhundert frei rekonstruiert wurde. Die wehrhaft angelegte Feldseite besitzt nur wenige kleine Öffnungen, und aus den über dem Durchgang liegenden Fenstern konnten Eindringlinge mit Pech oder kochendem Wasser übergossen werden. Ausgestattet mit 30 Geschützen und anderen Schusswaffen, wurde das Holstentor jedoch nie angegriffen. Rund um die backsteinerne Doppelturmanlage laufen zwei Terrakottabänder. Darauf folgt nach jeweils acht quadratischen Ornament-Platten eine andersartige Platte, die von zwei Männerfiguren eingerahmt wird.

Im morastigen Untergrund stehend, setzte man die Türme des Holstentores auf Balkenroste. Da diese aber unterirdisch nicht miteinander verbunden waren, drückte der Mittelteil, der keinen direkten Bezug zum Boden hat, die Türme aufgrund seines großen Gewichts auseinander. Mitte des 19. Jahrhunderts bot das Tor ei-

nen bedauernswerten Anblick und sollte im Zuge der Industrialisierung und des Bahnhofsbaus sogar abgerissen werden. Nach langen Diskussionen entschied sich die Lübecker Bürgerschaft mit nur einer Stimme Mehrheit dagegen. Stattdessen wurde das Holstentor bis 1871 von Grund auf restauriert und gesichert. Zum Abschluss der Arbeiten brachte man, vor Selbstbewusstsein strotzend, auf der reicher verzierten Stadtseite des Tores die Buchstaben »S.P.Q.L.« an, die in Anlehnung an das römische Vorbild »SENATUS POPULUSQUE LUBECENSIS« (Senat und Volk von Lübeck) bedeuten. Erst nachdem man 1934 die beiden Türme im Untergrund mit einer Betonplatte verbunden hatte, wurde ihr Auseinanderdriften gestoppt. Seit 1950 beherbergt das 2004/06 abermals sanierte Wahrzeichen die Dauerausstellung »Die Macht des Handels«, die einen interessanten Einblick in die Zeit der Hanse gewährt.

[4] Salzspeicher

Nach Überqueren der Holstenbrücke befindet man sich auf der Lübecker Altstadtinsel, die 1987 in das Weltkulturerbe der UNESCO aufgenommen wurde. Vom östlichen Ufer der Trave hat man den besten Blick auf die sechs sich malerisch aneinanderschmiegenden Salzspeicher. Die vier nördlichen, an der Brücke gelegenen Speicher mit den typischen Ladeluken entstanden 1579–1600, die beiden südlichen mit vorgeblendeter Stützmauer Mitte des 18. Jahrhunderts. Nach der Lagerung von Salz dienten sie später auch als Korn- und Holzspeicher.

Salz
Das »weiße Gold des Mittelalters« gehörte in der Hansezeit zu den wichtigsten Fernhandelsgütern und war als Zahlungsmittel bedeutend. Über die Alte Salzstraße bzw. den in den 1390er Jahren gebauten Stecknitz-Kanal wurde es aus dem »Salzhaus« Lüneburg nach Lübeck gebracht, von wo aus es nach Skandinavien geliefert wurde. Als eines der ältesten Kulturgüter der Menschheit ist Salz nicht nur lebensnotwendig, sondern stellte früher die einzige Möglichkeit dar, Lebensmittel zu konservieren. So wurden vor allem Ostseeheringe haltbar gemacht, die im Binnenland als Fastenspeise nachgefragt wurden.

Kolk 14

Lübecker Stadtsilhouette
Lübeck ist bekannt als »Stadt der Sieben Türme«. Zu dem in der flachen holsteinischen Landschaft weithin sichtbaren Ensemble zählen die backsteingotischen Türme von St. Petri, St. Jakobi und St. Aegidien sowie die Doppelturmpaare St. Mariens und des Doms. Der Begriff bürgerte sich jedoch erst in neuerer Zeit ein, da bis zu seinem Abbruch 1818 ein achter Kirchturm in der Nähe des Burgklosters stand. Der Gebrauchsgraphiker Alfred Mahlau (1894–1967), der u.a. das Corporate Design des Niederegger-Marzipans schuf, verbildlichte die Stadtansicht 1924 für die Schwartauer Werke. Die Sieben Türme sind auch Teil des Lübecker Stadtmarketings und zieren u.a. die 2007 erschienene goldene Deutschland-Gedenkmünze.

[5] Große Petersgrube und Kolk

Der Gang durch die Große Petersgrube, eine der wenigen geschlossen erhalten gebliebenen altlübischen Kaufmannsstraßen, gleicht einem Gang durch die Geschichte der Architektur von der Gotik über Renaissance und Barock bis hin zum Klassizismus. Als »Gruben« werden in Lübeck viele Straßen bezeichnet, die vom Altstadthügel hinab zur Trave führen. Nr. 21 dient als Haupteingang der Musikhochschule Lübeck, die in 22 historischen Gebäuden zwischen der Großen Petersgrube sowie der parallel verlaufenden Depenau ansässig ist. Am Ausgang der Großen Petersgrube erreicht man den St.-Petri-Hügel. Unterhalb der Böschungsmauer verläuft der Kolk. 1977 eröffnete Fritz Fey sen. hier ein Marionettentheater, aus dem 2007 das Figurentheater Lübeck als Gastspielhaus für Figuren-, Masken- und Objekttheater wurde. In direkter Nachbarschaft gründete Fritz Fey jun. das international renommierte Theaterfigurenmuseum mit einer einzigartigen Sammlung von rund 20000 Figuren, Objekten, Instrumenten und Grafiken. Nach einem umfangreichen Umbau werden beide Institutionen 2024 als KOLK 17 Figurentheater & Museum wiedereröffnen.

[6] St. Petri

***Turm** Jan./Feb. 11–17 Uhr; März–Dez. 10–19 Uhr*

Neben dem Holstentor gilt die unverwechselbare Silhouette Lübecks mit ihren Kirchtürmen als Wahrzeichen der Stadt. Die Petrikirche wurde, gemeinsam mit der Marienkirche, erstmals in einer Urkunde von 1170 erwähnt. Aus dem 13. Jahrhundert ist eine spätromanische dreischiffige Hallenkirche überliefert, der ein gleich breiter, hoher gotischer Hallenchor angefügt wurde. Trotz weiterer Vergrößerungen, die St. Petri im Zuge der städtischen Blütezeit erfuhr, darunter der Anbau von Seitenkapellen, die man im 15. und 16. Jahrhundert zu Seitenschiffen vereinheitlichte, besitzt das fünfschiffige Gotteshaus heute einen einheitlichen Raumeindruck. Die ursprünglich geplante Doppelturmanlage im Westen wurde im 15. Jahrhundert zugunsten eines Mittelturms aufgegeben. Durch den Bombenangriff im März 1942 brannte der Kirchenraum aus, Dach und Turmhelm gingen verloren. Jah-

Lübeck im Zweiten Weltkrieg
In der Nacht vom 28. zum 29. März 1942 (Palmsonntag) flog die britische Royal Air Force einen Luftangriff auf die Hansestadt. Damit war Lübeck die erste deutsche Großstadt, in der die im Februar 1942 beschlossene Flächenbombardierung zum Einsatz kam. Weite Teile der Altstadt sowie St. Marien, St. Petri und der Dom erlitten schwere Schäden. Seit Mai 1945 zum Land Schleswig-Holstein gehörig, wurde Lübeck durch die deutsche Teilung von seinem mecklenburgischen Hinterland abgeschnitten, im Stadtteil Schlutup befand sich der nördlichste Grenzübergang zwischen der BRD und der DDR.

relang eine Ruine, wurde die am schlimmsten zerstörte Lübecker Kirche erst ab den 1960er Jahren erneuert. Heute ist St. Petri als Kunst- und Kulturkirche bekannt, in der Ausstellungen und Veranstaltungen stattfinden. Der Kirchturm mit seiner hohen achtseitigen Helmpyramide und den Ecktürmchen erhielt bei seiner Wiedererrichtung eine Aussichtsgalerie, von der sich ein wundervoller Blick über Lübeck bietet.

[7] Markt

Von St. Petri sind es nur wenige Schritte bis zum Herzen der Altstadt. Vermutlich bereits in frühgeschichtlicher Zeit besiedelt, durfte im Mittelalter ausschließlich hier Handel betrieben werden, für das Jahr 1290 beispielsweise sind 322 Verkaufsbuden belegt. Bald darauf weitete sich die Marktgerechtigkeit auf das ganze Stadtgebiet aus. Nach den Zerstörungen im Zweiten Weltkrieg wurde der Markt in reduzierter Größe mit dem Rathaushof im Norden und einer zweigeschossigen Zeile im Süden neu gestaltet. Das neogotische, im Westen liegende Postamt aus den 1880er Jahren, das noch in den 1950er Jahren eine schlichtere Fassade erhalten hatte, wurde 2003 abgerissen. Der anstelle der Post bis 2005 errichtete Kaufhausneubau, dessen acht weiß glänzende Dachkuppeln auf die ursprüngliche Bebauung Bezug nehmen sollen, machte bundesweit

Schlagzeilen und wurde äußerst kontrovers diskutiert. Sogar eine Bürgerinitiative gründete sich, denn die Befürchtung war groß, den Weltkulturerbe-Status zu verlieren. Auf dem Markt steht seit 1986 der rekonstruierte »Kaak«. Der mittelalterliche Pranger, im 15. Jahrhundert auf einen Verkaufsstand für Butter gesetzt, war 1952 abgebrochen und eingelagert worden.

[8] Rathaus

Führungen *Mo–Fr 11, 12, 15 Uhr, Sa/So 12 Uhr*

Lübeck wurde 1159 von Herzog Heinrich dem Löwen neu gegründet. Nach dessen Ächtung durch Kaiser Friedrich I. im Jahre 1181 zog der auch als »Barbarossa« bekannte Kaiser noch im gleichen Jahr feierlich in die Stadt ein. Dessen umfangreichen Privilegien ließ sein Enkel, Kaiser Friedrich II., 1226 die Reichsfreiheit folgen, die über 700 Jahre – bis 1937 – Bestand haben sollte. In diese Zeit des Aufstiegs zur Freien Reichsstadt fällt der Baubeginn des Lübecker Rat- und Gewandhauses, das bis heute als Sitz der Verwaltung dient. An der Nordseite des Marktes entstanden zunächst drei benachbarte Langhäuser mit Giebeln zum Markt und zum Kirchhof. Mitte des 13. Jahrhunderts ersetzte man die Giebel durch eine Stirnwand mit einer zweigeschossigen Laube, von der aus die »Bursprake«, d.h. die Bekanntmachung von Ratsbeschlüssen, erfolgte. Außerdem tagte dort das Niedergericht, und der bis heute bestehende Ratskeller verköstigte seine Gäste.

Der östlichste Trakt wurde bis 1308 um das sogenannte Lange Haus nach Süden erweitert und beherbergte mit dem »Danzelhus« einen großen Tanzsaal. In der darunterliegenden zweischiffigen Arkadenhalle lagen bis 1868 die Buden der Goldschmiede. Als Lübeck zur »Königin der Hanse« aufstieg, entstand Mitte des 14. Jahrhunderts hinter der alten Marktfront ein neuer Rathausbau mit zwei Flügeln, der westliche für das Gewandhaus, der östliche für das Rathaus. In Letzterem wurde zudem der 38 Meter lange Hansesaal für Versammlungen des Bündnisses eingerichtet. Ratsbaumeister Nikolaus Peck veränderte 1435 die backsteinerne Marktfront, in dem er einen mittleren, quer durch eine Blende verlaufenden Turm und zwei riesige runde Windlöcher zur statischen Entlastung schuf. Wenige Jahre später gliederte er dem Langen Haus das Neue

Gründung von Lübeck
Seit dem frühen 9. Jahrhundert befand sich an der Trave stromabwärts die slawische Burg Liubice, die 1138 in einer Stammesfehde zerstört wurde. 1143 gründete Graf Adolf II. von Schauenburg eine gleichnamige Siedlung »Alt Lübeck« für deutsche Kaufleute auf einem besser geschützten Werder, der heutigen Altstadtinsel. Wirtschaftlich aufstrebend, konkurrierte Lübeck bald mit den Handelsplätzen des Herzogs Heinrich der Löwe. Kurzerhand zwang dieser den Grafen zur Abtretung der Siedlung, gründete sie nach einem Brand 1159 neu und stattete »sein« Lübeck mit umfangreichen Rechten aus.

Beischlagwange mit »Wildem Mann«

Gemach an, seit dem 18. Jahrhundert »Kriegsstube« genannt. Unter den Arkaden befand sich die Ratswaage. In Anlehnung an die nördliche Schauwand des Rathauses errichtete man eine Schildwand mit einem Fries, fünf auf Sandsteinkonsolen ruhenden Rundtürmen mit spitzen Helmen sowie spitzbogige Blenden mit Wappen.

1570 veränderte man die Laube an der Nordfront im Stil der Renaissance. Auf sechs Korbbogenarkaden ruht das reich verzierte Hauptgeschoss mit seinen drei Ziergiebeln. Die letzte große Bautätigkeit fiel in das Jahr 1673, als in das Gewandhaus der Große Börsensaal eingebaut wurde, in dem die Lübecker Kaufmannschaft ihren Geschäften nachging. Ende des 19. Jahrhunderts zwang die Baufälligkeit des Ensembles zu umfangreichen Sanierungsmaßnahmen. Zugleich wurde ein Großteil des Rathausinneren im neogotischen Stil verändert – der altehrwürdige Hansesaal war bereits 1818 durch die Aufteilung in Büros verloren gegangen.

Durch die Arkaden hindurch gelangt man zur Ostseite des Rathauses an der Breiten Straße. Auch diese Front bewahrt zahlreiche architektonische Details. Von links nach rechts gesehen bildet der Kriegsstubenbau den Auftakt mit einer Schauwand aus Türmen und reicher, teilweise durchbrochener Blendengliederung sowie farbig wechselnden Glasursteinen. Hauptschmuck des Baus aber ist die reich verzierte Sandsteintreppe von 1594 (Original im Museumsquartier St. Annen). Am Übergang vom Langen Bau zum Hauptbau beeindruckt der farbig gefasste hölzerne Erker von 1586 mit dem Stadtwappen im Brüstungsfeld. Eine Laube führt zum Hauptportal des Rathauses. Sehenswert sind hier v.a. die Beischlagwangen. Geschaffen 1452, stellen sie den Kaiser und einen »Wilden Mann« mit Stadtwappen als Symbol der Stärke dar.

Im Rahmen einer Rathausführung ist u.a. der Audienzsaal zu besichtigen, der heute für Feierlichkeiten genutzt wird. In dem ehemaligen Ratssaal tagte einst das Obergericht. Interessant sind die ungleichen Eingangstüren zur Information für draußen Wartende: Verurteilte mussten den Saal durch die kleine Tür verlassen, während Freigesprochene die große Tür durchschreiten durften. Weiterhin zu sehen sind Gemälde von mehreren Dutzend Bürgermeistern, der Bürgerschaftssaal, in dem am letzten Donnerstag des Monats die 60 Mitglieder der Bürgerschaft tagen, sowie der Rote Saal, in dem jeden Mittwoch der Senat der Hansestadt zusammenkommt.

Rathauserker

*Der »**Germanistenkeller**«, in dem im September 1847 der Abschlussempfang der Germanistenversammlung stattfand, liegt unter der Renaissancetreppe des Rathauses. Rund 170 Teilnehmer aus ganz Deutschland waren der Einladung des Vereins für Lübeckische Geschichte und Altertumskunde gefolgt, und am Vorabend der 1848er Revolution ging es sicherlich nicht nur um Geschichte und Sprache. Der Vorsitzende Jacob Grimm, der Ältere der berühmten Brüder Grimm, hatte Lübeck als Tagungsort vorgeschlagen, um die von Dänemark blockierte Eisenbahnanbindung Lübecks als »nationale Frage« zu forcieren. Bereits im Juli hatte in Lübeck das Allgemeine Deutsche Sängerfest mit rund 1800 Teilnehmern stattgefunden.*

»Lübecker Marzipan« 1974 gründeten acht Marzipanhersteller den Verein zum Schutz des Herkunftsgewährzeichens Lübecker Marzipan e.V. Seit 1996 ist »Lübecker Marzipan« eine von der EU geschützte geographische Herkunftsbezeichnung, die nur von in und um Lübeck ansässigen Herstellern verwendet werden darf. Diese verpflichteten sich auf hohe Qualitätsstandards: Das Vorprodukt, die Marzipanrohmasse, besteht aus ⅓ Zucker und ⅔ Mandeln, darunter auch bittere. Im zweiten Schritt wird die Rohmasse zusätzlich mit Zucker angereichert: bei Lübecker Marzipan bis zu 30 %, bei Edelmarzipan mit maximal 10 %. Niederegger Marzipan besteht nur aus Rohmasse mit Mandeln, Zucker und einer mit Rosenwasser vergleichbaren Zutat.

[9] »Café Niederegger«

Mo–Fr 9–19 Uhr, Sa 9–18 Uhr, So 10–18 Uhr

Gegenüber dem Rathaus befindet sich das »Café Niederegger«, dessen Marzipan-Spezialitäten in aller Welt berühmt sind. Die Herstellung von »Martzapaen« ist erstmals 1530 in Lübecker Zunftrollen beurkundet, wobei es bis ins 18. Jahrhundert hinein von Apothekern als Heil- und Stärkungsmittel hergestellt wurde. Erst dann übernahmen Zuckerbäcker den Vertrieb des Marzipans, obschon es ein Luxusprodukt der Reichen blieb, da Mandeln und Zucker teure Importprodukte waren. Die Blüte und die Entwicklung zur Qualitätsmarke »Lübecker Marzipan« begann nach 1800, als rund 135 Marzipanhersteller in der Stadt tätig waren, unter denen das Unternehmen Niederegger eine herausragende Stellung einnahm.

Im Bombenhagel des Frühjahrs 1942 zerstört, wurde das »Café Niederegger« in der Breiten Straße sechs Jahre später neu eröffnet und entwickelte sich seither zum Touristenmagneten und heimlichen Wahrzeichen Lübecks. Bereits 1930 war außerhalb der Altstadt eine Marzipanfabrik erbaut worden.

Seit 2016 wird das Familienunternehmen in der achten Generation geführt. Heute werden pro Tag bis zu

30 000 Kilogramm Marzipan hergestellt und weltweit versandt. Im Erdgeschoss des Stammhauses verführen die Theke mit einer ungeheuren Auswahl an Torten, darunter die Spezialität Niederegger-Nusstorte, sowie der gut bestückte Verkaufsraum. Im Obergeschoss lädt das traditionsreiche Café, das schon mehrfach als eines der besten in Deutschland prämiert wurde, zum Verweilen ein. Außerdem erfährt man im Marzipan-Salon Wissenswertes aus der Geschichte des Marzipans und des Unternehmens. Beeindruckend sind die zwölf lebensgroßen Figuren, die aus 500 Kilogramm Marzipan geschaffen wurden.

[10] Kanzleigebäude

An das Rathaus schließt sich, nur durch einen gotischen Schwibbogen getrennt, das Kanzleigebäude an. Die hier tätigen Notare und Ratsschreiber führten vom 13. bis zum 19. Jahrhundert das sogenannte Niederstadtbuch. Da es öffentlichen Glauben genoss und die Rechtssicherheit erhöhte, verzeichnete es, trotz freiwilligen Eintrags, alle wichtigen Rechtsgeschäfte – das im Rathaus geführte Oberstadtbuch hingegen hielt Grundstücksverträge fest. Im 19. und 20. Jahrhundert beherbergte die Alte Kanzlei u.a. das Pass- und Stempelamt,

Niederegger
1806 übernahm der Konditor Johann Georg Niederegger (1777–1856) die am Markt gelegene »Konditorei Maret«. 1822 erwarb er ein eigenes Haus in der Breiten Straße, das heutige Stammhaus. Ein Meilenstein in der Firmengeschichte war die Auszeichnung von Niedereggers Marzipan auf der Wiener Weltausstellung 1873, der weitere Preise und Qualitätsbekundungen folgten. 1908 wurde Niederegger-Marzipan, das sogar vom russischen Zarenhof regelmäßig geordert wurde, Hoflieferant des deutschen Kaisers.

Giebel des Kanzleigebäudes

das Amtszimmer der Bierprobe sowie eine Polizeiwache mit kleinem Gefängnis. Die bis 1486 errichtete »Schriverie« wurde 1588 und 1614 bis an die Mengstraße verlängert – der neuere Teil im Stil der Renaissance ist an den Korbbögen im Erdgeschoss erkennbar. Einst als Zugang zu den Verkaufsbuden dienend, wurden sie 1818 vermauert. Nach grundlegender Sanierung, bei der die Arkaden wieder geöffnet wurden, befinden sich hier seit 2005 kleine Geschäfte und Cafés.

Auf etwa halber Höhe der Kanzlei weitet sich platzartig der Schrangen, von dem aus man einen faszinierenden Blick auf die sich hinter der Kanzlei erhebende Marienkirche hat. Als Schranken oder niederdeutsch Schrangen bezeichnete man Tische und Tresen zum Verkauf. Bis Mitte des 19. Jahrhunderts boten die Fleischer hier ihre Waren feil. An der verzierten Giebelfront der Kanzlei zur Mengstraße vorbei gelangt man zwischen dem rückwärtigen Arkadengang der Kanzlei, mit Blick auf die Nordfassade der Rathaus-Schauwand, zum Eingang von St. Marien.

Dietrich Buxtehude
Um 1637–1707, Komponist und Organist. 1668 kam der zuvor in Helsingborg und Helsingør tätige Buxtehude als Organist an die Marienkirche und ehelichte die Tochter seines Vorgängers Franz Tunder. Buxtehude führte die vermutlich von Tunder begründeten, von der Kaufmannschaft finanzierten und bis heute gespielten »Abendmusiken« erfolgreich fort. Zu den Schülern des wichtigsten Vertreters der Norddeutschen Orgelschule zählten Johann Sebastian Bach und Georg Friedrich Händel. Buxtehude, der jeweils mehr als 100 Orgel- und Vokalwerke komponierte, gilt neben Bach und Heinrich Schütz als einer der bedeutendsten Komponisten des Barocks.

[11] St. Marien

Mo–Sa: Apr.–Sep. 10–18 Uhr, Okt. 10–17 Uhr, Nov.–März 10–16 Uhr; So ab 11.30 Uhr
***Kirchen- sowie Turm- und Gewölbeführungen** unter www.st-marien-luebeck.de/page/244/info*

Als Kirche des Rates thront St. Marien auf dem höchsten Punkt der Lübecker Altstadtinsel. Eine erste hölzerne Pfarrkirche datiert aus der Mitte des 12. Jahrhunderts. Um 1200 entstand ihr Nachfolger, eine kreuzförmige romanische Backsteinbasilika. Ein halbes Jahrhundert später begann man, diese zu einer frühgotischen Hallenkirche mit einem massiven Westturm umzubauen. Allerdings blieb das Vorhaben unvollendet, da man mit dem Zeitgeschmack ging und sich in Anlehnung an französische und flandrische Kathedralen – Gebiete, mit denen man wirtschaftlich verflochten war – für ein dreischiffiges Bauwerk mit polygonalem Chor und Kapellenumgang und einem zweistöckigen Hochschiff entschied. Neu dabei war, dass die Lübecker Marienkirche nicht wie ihre Vorbilder aus Sand- oder Kalkstein, sondern aus Backstein errichtet wurde, weshalb sie als »Mutterkirche« der Backsteingotik in Nordeuropa gilt. Die kurz nach

1300 begonnene wuchtige Doppelturmfront, die den Stumpf der Hallenkirche einschloss, kam Mitte des 14. Jahrhunderts zum Abschluss. Seitdem blieb das imposante Bauwerk mit seinen mächtigen Strebebogen und Stützpfeilern, das fast gänzlich ohne Bauzier auskommt, äußerlich weitgehend unverändert. Nachfolgende Generationen hinterließen besonders im Innenraum vielfältige Spuren. Durch Stiftungen des Rates, der Gilden und des Patriziats besaß die Marienkirche eine reiche Ausstattung: an rund 40 Altären wurden bis zur Einführung des evangelischen Gottesdienstes (1531) Messen gelesen, die verschiedenen Kaufleutekompagnien nahmen gesondert auf reich verziertem Gestühl Platz, und als »Ruhmeshalle des Lübecker Patriziats« barg die Kirche zahlreiche Grabmäler und Epitaphien – bis zur Bombennacht des 28. März 1942, als ein Großteil der Ausstattung verlorenging, Dächer und Gewölbe ausbrannten. Nach dem Krieg wurde St. Marien in jahrzehntelanger Arbeit wieder aufgebaut.

Durch die querschiffartig vortretende, südliche Vorhalle gelangt man, nachdem man den »Marientaler« (4 Euro Erhaltungsgebühr) bezahlt hat, in den Innenraum von St. Marien. Das monumentale Bauwerk besitzt bei einer Gesamtlänge von 103 Metern eine Gewölbehöhe von 38,5 Metern – niemals zuvor wurde eine Kirche aus Backstein so hoch errichtet. Dieser

Taufbecken

Blick von St. Petri auf St. Marien

hochgotische Bau übertraf seine Vorgängerkirche, deren Gewölbehöhe »nur« 20 Meter betrug und so hoch wie die Seitenschiffe war, fast um das Doppelte. Möglich wurde diese beeindruckende Raumhöhe durch Strebebogen und -pfeiler, die die Schubkräfte des Gewölbes am Außenbau abfingen. Der Innenraum mit seinen steilen Arkaden, der weißen Quader- und dekorativen Wandmalerei sowie den roten Fugen wirkt hingegen scheinbar schwerelos.

Sich vom Eingang aus im Uhrzeigersinn bewegend, erreicht man als fünfte von 23 den Bau säumenden Kapellen die Briefkapelle. Sie wurde 1310 noch vor dem Langhaus begonnen und verdankt ihren Namen den Schreibern, die hier unter Gottes Schutz tätig waren. In der unter dem Süderturm eingerichteten Gedenkkapelle erinnern zwei zerborstene Glocken von 1508 und 1668 an die Bombennacht von 1942. Als Mahnmal für Frieden liegen sie bis heute so, wie sie sich damals in den Boden gegraben haben. Im nördlichen Seitenschiff befindet sich in der Nordervorhalle, gegenüber dem Haupteingang, die Totentanzkapelle. Sie ist benannt nach dem »Lübecker Totentanz« des Malers Bernt Notke (um 1435–1509). 1463 in der zur Beichte genutzten Kapelle geschaffen, sollte der umlaufende Fries mit Bildern und zugehörigen Reimen die zur Beichte Kommenden an ihre Vergänglichkeit erinnern. Die 1701 angefertigte Kopie ging 1942 verloren. Heute erinnern an das berühmte Kunstwerk die von Alfred Mahlau entworfenen Glasfenster, auf denen unten das brennende Lübeck verewigt ist. Außerdem befindet sich in der Totentanzkapelle eine Astronomische Uhr, eine 1955–1967 geschaffene Nachbildung der alten Uhr aus dem 16. Jahrhundert. Auf ihrem Figurenlauf erscheinen täglich um 12 Uhr acht Figuren, die christlichen Völker symbolisierend, die von Christus gesegnet werden. Wie auch in anderen Kirchen enthält St. Marien als ein Abbild des Himmels eine bildhafte Symbolik, die von den mittelalterlichen Menschen, des Lesens meist unkundig, verstanden wurde. So versinnbildlichen die zehn Chorpfeiler die zehn Gebote, die zwölf Pfeiler des Langhauses symbolisieren die zwölf Apostel, und das lichterfüllte prächtige Gewölbe soll dem Himmel gleichen.

Durch den weitergenutzten Grundriss der Hallenkirche sind die Seitenschiffe ungewöhnlich breit und umfassen die beiden westlichen Kapellen des Chorumgangs, sodass am Außenbau nur drei zu sehen sind. In der mittig im Chorumgang gelegenen Marientidenkapelle (der

Der Teufel von St. Marien
Neben dem Eingang zur Marienkirche liegt ein Stein, auf dem eine Teufelsskulptur des Bildhauers Rolf Goerler sitzt. Folgende Sage ist damit verbunden: Während des Kirchenbaus erkundigte sich der Teufel, was denn hier gebaut werde. Um ihn nicht zu verärgern, antworteten die Bauleute, dass hier ein Wirtshaus entstehe. An Trunk und Laster Gefallen findend, half der Teufel beim Bau, der dadurch umso schneller vonstattenging. Kurz vor Abschluss der Bauarbeiten bemerkte der Teufel die List und wollte aus Wut die Kirche zertrümmern. Glücklicherweise konnte man ihn in letzter Sekunde mit dem Bau des nahegelegenen Ratskellers vertrösten, sodass er den Stein hier, direkt neben der Kirche, fallen ließ.

Astronomische Uhr

Sandsteinrelief
Am Abendmahlsrelief ist links unten eine schwarze, an einem Rosenstock nagende Maus zu erkennen, die sich zu einem Lübecker Wahrzeichen ganz anderer Art »gemausert« hat. Wer sie berührt, wird bald wieder nach Lübeck zurückkehren. Der Legende nach wuchs neben der Marienkirche ein Rosenstock, dessen Blüte für die Freiheit der jungen Stadt stand. Eines Morgens jedoch war der Stock aufgrund eines Mäusenestes verdorrt, und kurze Zeit später musste sich Lübeck den Dänen ergeben. Die versteinerte Maus soll daran mahnen, dass aus kleinem Übel schnell großes Unglück erwachsen kann.

niederdeutsche Ausdruck »Marientiden« bezeichnet ein marianisches Stundengebet) von 1444 beeindruckt ein vergoldeter spätgotischer Schnitzaltar von 1518. Gegenüber der Kapelle, an den Umfassungsmauern des Chorhauptes, befinden sich 1515 geschaffene Sandsteinreliefs mit Szenen aus der Leidensgeschichte Christi. In der um 1300 errichteten Bürgermeisterkapelle, die sich südlich des Chorumgangs neben der Eingangshalle befindet, versammelte sich der Rat vor seinen Sitzungen, und die nachträglich darüber eingebaute »Trese« diente selbigem als Schatzkammer.

Zu guter Letzt begibt man sich vor den Hochchor, dessen Zentrum das 1959 von Gerhard Marcks geschaffene bronzene Triumphkreuz sowie der Swarte Altar von 1495 bilden. An den Chorpfeilern prangen gerettete Figuren des Lettners, der einst den Chorraum vom Langhaus trennte. Das bronzene Taufbecken stammt von 1337. Von hier aus sollte man auch die Große Orgel im Westwerk betrachten, die beim Einbau 1968 mit ihren fünf Manualen und Pedal sowie 8512 Pfeifen eine der größten Kirchenorgeln der Welt mit mechanischer Spieltraktur war. Bereits seit dem 14. Jahrhundert ist für St. Marien eine Orgel bezeugt; der wohl berühmteste Marienorganist war Dietrich Buxtehude.

[12] Buddenbrookhaus

Bis vorauss. 2028 geschlossen; ***Infocenter »Buddenbrooks am Markt«*** *(Nr. 15) Mo–Sa 11–17 Uhr;* ***Literarische Spaziergänge*** *Apr.–Dez.: So 11 Uhr*

Das Haus in der Mengstraße 4, das 1842–1891 Stammsitz der Familie Mann war, bildet heute als sogenanntes Buddenbrookhaus einen, wie Thomas Mann es ausdrückte, »Gegenstand der Fremdenneugier«. Er verbrachte seine Kindheit und Jugend in Lübeck, was sich in mehreren seiner Werke niederschlug. Am deutlichsten treten die Erinnerungen, darunter die Aufenthalte und Feierlichkeiten im Hause der Großmutter, jedoch in dem Roman »Buddenbrooks – Verfall einer Familie« hervor, der den Niedergang einer wohlhabenden hanseatischen Kaufmannsfamilie über vier Generationen hinweg erzählt. Ohne dass Lübeck ausdrücklich benannt ist, ist Manns Vaterstadt Schauplatz des Geschehens, und zahlreiche Lübecker waren

Anno Dominus providebit 1758

Thomas Mann
1875–1955, Schriftsteller. Als Sohn eines wohlhabenden Kaufmanns in Lübeck geboren, verbrachte Mann seine Jugend in der Hansestadt. Nach dem Realschulabschluss am Katharineum ging er nach München. 1896 volljährig geworden, erhielt er laut Testament seines Vaters monatlich ein Auskommen, das ihm ein Leben als freier Schriftsteller ermöglichte. 1933 emigrierte Mann in die Schweiz, 1939–1952 lebte er in den USA. Nach Lübeck kehrte Mann noch einige Male zurück, u.a. zum 700-jährigen Jubiläum der Reichsfreiheit, als er seine Rede »Lübeck als geistige Lebensform« hielt, zur Verleihung des Literaturnobelpreises 1929 und zur Ernennung zum Ehrenbürger 1955. Zu den weltberühmt gewordenen Romanen Thomas Manns gehören »Die Buddenbrooks«, »Der Zauberberg«, »Doktor Faustus« und »Lotte in Weimar«.

Vorbild für die Romanfiguren. 1901 als zweibändige Ausgabe erschienen, wurde erst die zwei Jahre später erschienene einbändige Volksausgabe zum Erfolg, die sich bis 1920 über 100000-mal verkaufte. 1929 wurde Thomas Mann für diesen »Jahrhundertroman« mit dem Nobelpreis für Literatur geehrt.

Doch tauchen wir zunächst ein in die Geschichte des Hauses. Die Jahreszahl 1758 über dem Portal verweist auf einen spätbarocken Umbau des Hauptgebäudes, bei dem nur das Erdgeschoss aus der Mitte des 16. Jahrhunderts bestehen blieb. Neu war auch der Giebel mit den mythologischen Figuren: links die »Zeit« mit einer Uhr, die – wie damals üblich – nur einen Stundenzeiger besitzt, rechts der durch das Füllhorn symbolisierte »Wohlstand«. Die große Diele diente dem Geschäftsbetrieb, während das erste Obergeschoss repräsentative Zwecke erfüllte. Gewohnt wurde im östlich angebauten Seitenflügel des Hauses. 1842 erwarb der Kaufmann Johann Siegmund Mann junior das Giebelhaus. Sein Sohn Thomas Johann Heinrich Mann, der Vater der nachmals berühmten Schriftstellerbrüder, behielt zwar das Anwesen, verlegte den Firmensitz 1883 jedoch in die benachbarte Straße Beckergrube 52. Nach seinem frühen Tod 1891 wurde die Firma liquidiert. Seine Witwe Julia zog 1893 mit den drei jüngsten Kindern nach München, nur Thomas blieb zurück, um die Schule zu beenden. Der älteste Sohn Heinrich Mann hatte Lübeck bereits 1889 verlassen.

Das Buddenbrookhaus zählt heute zu den bekanntesten Literaturmuseen in Deutschland. Bis es soweit war, erfuhr der Romanschauplatz allerdings verschiedene Nutzungen: 1894 von der Stadt Lübeck erworben, beherbergte das Haus u.a. eine Volkslesehalle, die Lübeckische Staatslotterie, einen Frisiersalon, eine Buchhandlung sowie ein Samengeschäft. Im März 1942 bis auf die Fassade zerstört und später wieder aufgebaut, ist hier seit 1993 das Heinrich-und-Thomas-Mann-Zentrum beheimatet. Neben der Dauerausstellung mit den Hauptthemen »Die Manns« bzw. »Die Buddenbrooks« finden Sonderausstellungen und Veranstaltungen statt, durch Archiv und Bibliothek hat sich die Gedenkstätte zu einem renommierten Standort der Mann-Forschung entwickelt. Durch die Einbeziehung des benachbarten Gebäudes wird das Literaturmuseum derzeit erheblich vergrößert. Eine Interimsausstellung befindet sich im Museum Behnhaus Drägerhaus (siehe S. 33).

Schabbelhaus

[13] Mengstraße

Anschließend setzt sich der Stadtrundgang in der Mengstraße fort. Der geschlossene Häuserbestand im unteren Bereich vermittelt einen lebhaften Eindruck davon, wie es vor den Zerstörungen des Zweiten Weltkrieges im geschäftigen Marienviertel, dem Viertel der Kaufleute, ausgesehen haben mag. Rechter Hand in der Mengstraße befindet sich das sogenannte Schabbelhaus. Der 1904 verstorbene Bäckermeister Schabbel hatte sein Vermögen der Stadt Lübeck vermacht, um ein altes Kaufmannshaus in der Mengstraße 36 museal her- und darin die Gaststätte »Alt-Lübecker Kaufmannshaus« einzurichten. 1942 zerstört, erhielt die Stiftung nach dem Krieg die beiden im 16. Jahrhundert erbauten, später vereinigten Giebelbauten Nr. 48/50, in denen sich heute wieder ein Restaurant befindet. Nur wenige Meter weiter beherbergt das stattliche Gebäude Nr. 64 mit dem »Weinhandel Carl Tesdorpf« Deutschlands ältestes Importhaus für Wein. 1678 von Peter Hinrich Tesdorpf begründet, erlangte das Unternehmen vor allem mit dem »Lübecker Rotspon« europaweite Bekanntheit. Es wird bis heute von Tesdorpfs Nachfahren am ursprünglichen Ort fortgeführt. Thomas Mann, dessen Vormund Krafft Tesdorpf war, verewigte die Familie in den »Buddenbrooks« als »Weinhändler Kistenmaker«.

»Lübecker Rotspon«
Früher war Lübeck einer der wichtigsten europäischen Handels- und Lagerplätze für Wein. Weil der Landimport französischer Bordeaux-Weine zeitintensiv, gefährlich und teuer war, verlagerte man sich zunehmend auf den Seeweg. Außerdem merkte man, dass auf See in Holzfässern (auch Span oder niederdeutsch »Spon« genannt) transportierte Weine reifer und milder im Geschmack wurden, was sich durch die Lagerung im Lübecker Seeklima noch verstärkte. Der »Lübecker Rotspon« ist weit über die Grenzen von Deutschland hinaus berühmt und zählt heute neben Lübecker Marzipan zu den Spezialitäten der Stadt.

[14] An der Untertrave

Heinrich Mann
1871–1950, Schriftsteller. Nach dem Besuch des Katharineums nahm Heinrich Mann in Dresden eine Buchhändlerlehre auf, volontierte im S. Fischer Verlag und studierte in Berlin. 1933 emigrierte er in die USA. 1949 zum Präsidenten der Deutschen Akademie der Künste in Ost-Berlin gewählt, starb Mann kurz vor seiner Rückkehr nach Deutschland. Zu seinen bedeutendsten Werken gehört der in Lübeck spielende Roman »Professor Unrat oder Das Ende eines Tyrannen«, der durch zahlreiche Übersetzungen und die Verfilmung als »Der blaue Engel« zu Weltruhm gelangte.

»Marzipan-Speicher« Mo–Sa 10–18 Uhr, So 11–18 Uhr

Am Ausgang der Mengstraße begibt man sich An der Untertrave zunächst einige Schritte nach links. Zu bewundern ist hier ein großes traufständiges Fachwerkhaus (Nr. 96) aus dem 16. Jahrhundert. Da nach mehreren großen Stadtbränden der Lübecker Rat seit dem 13. Jahrhundert Steinhäuser vorschrieb, ist es eines der seltenen Beispiele seiner Bauweise in der Stadt. Daneben befinden sich zwei imposante Backsteinspeicher. Im »Marzipan-Speicher« (Nr. 98) vermitteln eine kostenfreie Ausstellung und eine »Marzipan-Show« Informationen rund um Lübecks bekannte Spezialität. Wer anschließend selber ein Kunstwerk formt, kann das »Marzipan-Abitur« erwerben; Café und Verkaufsräume runden das Marzipan-Erlebnis ab.

Das benachbarte Eckgebäude in der Alfstraße 38 gehört zu den ältesten Steinhäusern der Stadt. Anhand dendrochronologischer Untersuchungen wurde das Holz der Deckenbalken auf etwa 1216 datiert – »Anno 1216« lautet auch der Name des Hotels, das sich seit 2011 in den historischen Gemäuern mit wertvoller

Innenausstattung befindet. Besonders sehenswert ist das profilierte, um 1650 mit aufwendigem Sandsteindekor verzierte Backsteinportal.

Lisa Dräger
1920–2015, Mäzenin. Seit 1941 im Drägerwerk (heute weltweit agierender Hersteller medizintechnischer Geräte) angestellt, heiratete sie 1947 den Fabrikanten Heinrich Dräger. Die »Grand Dame von Lübeck« hat sich u.a. für die Einrichtung des Buddenbrookhauses als Gedenkstätte bzw. die Erhaltung des Behnhauses eingesetzt, wofür sie 2005 die höchste Auszeichnung der Hansestadt, die goldene Ehrengedenkmünze »Bene Merenti« (Dem Wohlverdienten), verliehen bekam. Außerdem initiierte sie den nach ihr benannten Nachbau des Lübecker Hanseschiffes.

[15] Museumshafen

Am Ufer der Trave entlangschlendernd, gelangt man zur denkmalgeschützten Drehbrücke. Durch ihre Fertigstellung war es seit 1892 möglich, Güterzüge vom alten Bahnhof an der Holstenbrücke über die Trave zu den stadtseitigen Hafenanlagen zu rangieren. Rund um die Drehbrücke erstreckt sich der Lübecker Museumshafen mit zahlreichen historischen Schiffen und Nutzfahrzeugen. Zu den bekanntesten zählen das 1906/08 erbaute Feuerschiff »Fehmarnbelt« sowie die »Lisa von Lübeck«. Letztere ist ein rekonstruiertes Kraweel aus dem 15. Jahrhundert, das 2005 auf Jungfernfahrt ging. Mit der Verlagerung des Hafens sind auch die Arbeiter, ihre Spelunken und die leichten Mädchen verschwunden – die Schuppen werden heute für Veranstaltungen oder zum Verkauf von Trödel genutzt. In den Lagerhäusern auf der Nördlichen Wallhalbinsel sind seit ihrer Restaurierung um die Jahrtausendwende die media docks beheimatet. Im weiteren Verlauf der Untertrave besaßen die Manns mehrere Speicher, darunter »Eiche« (Nr. 34) und »Walfisch« (Nr. 16).

Wohngänge
Weil der Platz begrenzt und Wohnraum knapp war – aus Sicherheitsgründen wollte man nicht vor die Stadtmauer ausweichen – entstand die ärmliche Budenbebauung seit dem 14. Jahrhundert. Besitzer stattlicher Giebelhäuser begannen, in ihren Hinterhöfen kleine, traufständige Reihenhäuschen zu vermieten. Im folgenden Jahrhundert waren die Innenhöfe der Blockbebauung bereits dicht bebaut. Von schätzungsweise 180 Lübecker Gängen, die im Laufe der Zeit mehrfach umgebaut wurden, ist heute noch über die Hälfte erhalten. Die in den letzten Jahren sanierten Gänge sind heute begehrte Immobilien.

[16] Engelsgrube

Anschließend läuft man durch die Engelsgrube wieder stadteinwärts. Allerdings ist die Mitte des 13. Jahrhunderts erstmals erwähnte »Platea Anglica« nicht nach den himmlischen Wesen benannt, sondern nach den Englandfahrern, die ihre Schiffe in diesem Teil des Hafens be- und entluden. Die linker Hand einmündende Straße Engelswisch erinnert an die anfangs noch unbebauten »Wiesen der Engländer«. Die Engelsgrube weist zwei Besonderheiten auf, zum einen die tief liegenden Hauseingänge bzw. geringe Erdgeschosshöhen, die auf die Aufschüttung der Straße 1907 zurückgehen. Zum anderen gehört sie zu den Lübecker Straßen mit einer großen Vielfalt an sogenannten Wohngängen. Deren Zugänge liegen neben den Haupteingängen der Gebäude und sind meist an ihrer Plakette erkennbar. Viele sind nicht verschlossen, und ein Blick hier und da hinein ist unbedingt zu empfehlen!

[17] Schiffergesellschaft

Am oberen Ausgang der Engelsgrube gelangt man zum Haus der Schiffergesellschaft. 1401 als St.-Nikolaus-Bruderschaft gegründet, vereinigte sie sich im Zuge der Reformation, als sich die meisten religiösen Bruderschaften auflösten, mit der St.-Annen-Bruderschaft zur ausschließlich aus Seeleuten bestehenden Standesorganisation »Schepern Selschup« und erwarb dieses Gebäude. Obwohl die Schiffergesellschaft nicht der Zunftordnung unterlag, mussten alle Lübecker Schiffer Mitglieder der Gesellschaft sein. Zu ihren Aufgaben gehörte die Bewachung des Hafens, das Ausstellen von Schiffspässen und das Schlichten von Streitigkeiten zwischen Seeleuten. Außerdem sorgte man für Bedürftige, Witwen und Alte, denen man Kost und Logis gewährte. Mitte des 19. Jahrhunderts wurde das Versammlungshaus in eine Gaststätte umgewandelt. Heute kümmern sich die Schifferbrüder, die in Lübeck und Umgebung wohnen, das Kapitänspatent auf Großer Fahrt innehaben und ein Schiff geführt haben müssen, vor allem um soziale Belange und die Denkmalspflege. Auf die historische Funktion des Gebäudes verweisen u.a. die Wetterfahne, der Fries sowie die beiden Beischlagwangen vor dem Gebäude. In der hohen Diele, dem ehemaligen Versammlungsraum, erinnern zahlreiche maritime Gegenstände an vergangene Tage. An langen Bankreihen, Gelage genannt, mit hohen Rückenlehnen, Backwangen und Wappen ist erkennbar, wo die verschiedenen, nach ihren Fahrtzielen bezeichneten Kompanien wie Bergen- oder Schonenfahrer Platz nahmen.

[18] St. Jakobi

Juni–Sep. 10–18 Uhr (sonst verkürzt)

Im Viertel der Seeschiffer gelegen, wurde St. Jakobi besonders von Schiffern, Bootsleuten und Fischern aufgesucht. Da hier außerdem mehrere Pilgerwege entlangführten, auf denen Wallfahrer aus dem östlichen Ostseeraum und Skandinavien nach Rom, Jerusalem oder Santiago de Compostela wanderten, wurde die 1227 erstmals erwähnte Kirche 1334 Jakobus dem Älteren, dem Schutzheiligen der Wallfahrer, geweiht. Ursprünglich als Hallenkirche begonnen, gestaltete man sie Ende des 13. Jahrhunderts durch die Erhöhung des Mittelschiffes unter einem gemeinsamen Dach zur Stufenhallenkirche um – dies ist auch der Grund dafür, dass das Mittelschiff keine eigene Fensterzone besitzt. Im 14. Jahrhundert begann man, die Außenwände zu öffnen, um schiffshohe Seitenkapellen anzubauen; die zweigeschossige Sakristei südlich des Chores entstand Anfang des 15. Jahrhunderts. Eine ursprünglich geplante Doppelturmanlage wurde zugunsten eines Mittelturmes aufgegeben. Stark baufällig geworden, wurde sein Obergeschoss Mitte des 17. Jahrhunderts erneuert, wobei die achtseitige Helmpyramide mit der über einer geschweiften, von vier Kugeln flankierten Einziehung ihr charakteristisches Aussehen erhielt. Außerdem thront über dem Ostteil der Kirche ein nachgotischer Dachreiter von 1622/23.

Im Zweiten Weltkrieg unversehrt geblieben, weist die Jakobikirche heute eine Fülle bedeutender Ausstattungsstücke auf, darunter die Mitte des 15. Jahrhunderts gegossene Tauffünte, die Holzkanzel (1697/98) und der hölzerne, schwarz-marmorn bemalte Hochaltar (1717). In der Brömse-Kapelle steht der beeindruckende, um 1500 geschaffene Brömse-Altar. An den Pfeilern befinden sich um 1330/40 gefertigte Kalkmalereien, die erst im ausgehenden 19. Jahrhundert wiederentdeckt wurden. Unter gotischen Baldachinen zeigen sie u.a. die zwölf Apostel in doppelter Lebensgröße. Außerdem bewahrt St. Jakobi die drei letzten historischen Orgeln von Lübeck, deren Pfeifen aus sechs Jahrhunderten die Blütezeit der hanseatischen Orgelkunst widerspiegeln. Die ältesten Teile der Großen Orgel im Westen stammen von 1466 (Blockwerk), 1504 (Hauptprospekt), 1573 (Rückpositiv) und 1673 (Basstürme). Die in den 1980er Jahren restaurierte Orgel verfügt heute über 62 Register.

Rechts: Chor und Sakristei von St. Jakobi

Die Kleine Orgel im Norden, deren Prospekt von 1515 stammt, baute Friederich Stellwagen 1636/37 um, ihre Windladen und fast alle Pfeifen der Manualwerke sind noch original. 2003 wurde das Orgel-Trio wieder durch das im originalen Gehäuse von 1673 rekonstruierte Richborn-Positiv vervollständigt.

Eine Gedenkstätte besonderer Art befindet sich in der Pamir-Kapelle. Dort bewahrt ein Rettungsboot der »Pamir« das Andenken an das 1957 im Atlantik untergegangene Viermastsegelschiff. Bei dem durch einen Hurrikan verursachten Unglück starben 80 der 86 überwiegend jugendlichen Besatzungsmitglieder. Fünfzig Jahre nach dem Ereignis wurde die Kapelle zur Nationalen Gedenkstätte der zivilen Seefahrt erklärt.

Hinter den 1601/02 erbauten Pastorenhäusern liegt der zweitgrößte Platz Lübecks, der Koberg. Bis Anfang des 19. Jahrhunderts diente er vor allem zum Markthalten der Landbevölkerung. Im Nordwesten des Platzes biegt man in die Kleine Burgstraße ein, wo linker Hand der ehemalige Crane-Konvent liegt, der seit dem 13. Jahrhundert als Beginenkonvent und nach der Reformation als Armen- und Siechenhaus diente.

Große Orgel in St. Jakobi

[19] Europäisches Hansemuseum

10–18 Uhr

Seit 2015 befindet sich in der historischen Anlage des Burgklosters, die durch einen Neubau (An der Untertrave) erweitert wurde, das Europäische Hansemuseum, das größte Museum zur Geschichte der Hanse. Der innovative Museumsrundgang beschäftigt sich mit der Geschichte der Hanse seit dem 12. Jahrhundert. Durch »Besuche« der bedeutenden Handelskontore in Nowgorod, Brügge und London wird der Hansebund in seiner europäischen Ausdehnung erfahrbar. Außerdem ist in den Neubau eine archäologische Ausgrabungsstätte integriert worden. Der Rundgang setzt sich in den historischen Gebäuden des Burgklosters fort und thematisiert die Entwicklung der Hanse bis zu ihrem Ende im 18. Jahrhundert.

Das Dominikanerkloster, benannt nach Maria Magdalena, der Heiligen des siegreichen Tages im Jahre 1227, wurde nach dem Stadtbrand 1276 neu errichtet und erfuhr im Laufe der Zeit zahlreiche Veränderungen. Nach der Aufhebung des Klosters im Zuge der Reformation dienten die leer stehenden Gebäude als Armen- und Krankenhaus. Die 1317 errichtete Klosterkirche musste 1818 aufgrund von Baufälligkeit abgebrochen

Am einzigen Landzugang im Norden des Stadthügels erhob sich Mitte des 12. Jahrhunderts die Burg des Grafen von Schauenburg, die Anfang des 13. Jahrhunderts von dem Dänenkönig Waldemar II. genutzt wurde. Gegen dessen Hegemonialstellung wehrten sich die norddeutschen Fürsten und Städte. Mit vereinten Kräften besiegten sie Waldemar in der Schlacht bei Bornhöved 1227, wodurch Lübeck seine Autonomie besiegelte. Anstelle der Burg errichtete man ein Kloster, das der Volksmund schon bald als ***»Burgkloster«*** *bezeichnete.*

werden, an ihrer Stelle entstand 1874/76 eine Volksschule. In der mittelalterlichen Klausur, deren Obergeschosse abgetragen wurden, errichtete man in den 1890er Jahren ein neogotisches Gerichtsgebäude mit Gefängniszellen. Weitgehend erhalten blieben Kreuzgang, Hospital, Beichthaus, Refektorium, Kapitelsaal und Sakristei – allesamt aus dem 14. Jahrhundert. Durch seinen reichen bauplastischen Schmuck und die Wandmalereien gehört die Klosteranlage zu den bedeutenden Bauten der norddeutschen Backsteingotik.

[20] Burgtor

Die Große Burgstraße, für das Abstellen von Fuhrwerken besonders breit angelegt, wird durch das Burgtor abgeschlossen. Im frühen 13. Jahrhundert erstmals erwähnt, wurde der Torturm über dem spätromanischen Erdgeschoss 1444 repräsentativer gestaltet und erhöht. 1685 erhielt er seinen spätbarocken Turmhelm. Links wird das Ensemble vom spätgotischen Marstall abgeschlossen, rechts vom Zollhaus. Letzteres wurde 1571 erbaut und besitzt einen Fries aus der Werkstatt des Statius von Düren. 1912–1928 lebte hier die Schriftstellerin Ida Boy-Ed. Nach dem Durchqueren des Burgtores lohnt der Blick auf die Feldseite des imposanten Bauwerks. Von diesem Standpunkt aus ist auch die umgebende Befestigungsmauer mit mehreren

Johann Ballhorn der Jüngere
Um 1550–um 1604, Drucker. Von seinem Vater Johann Ballhorn dem Älteren übernahm er die Druckerei, die u.a. 1531 die Lübecker Kirchenordnung von Johannes Bugenhagen gedruckt und damit die Reformation entscheidend vorangetrieben hatte. Durch die Veröffentlichung einer überarbeiteten Version des Lübischen Stadtrechts gelangte Ballhorn der Jüngere 1586 zu unrühmlicher Bekanntheit, da der weit verbreitete Druck Unmengen an Fehlern enthielt. Obwohl man heute davon ausgeht, dass zwei städtische Juristen für die Fehler verantwortlich waren, entwickelte sich aus der Zitierung des Titelblattes, auf der nur die Angabe »Verbessert durch Johann Balhorn« stand, der Begriff »Verballhornung« für die Entstellung eines Wortes.

Turmstümpfen schön zu sehen. Von der nahegelegenen Burgtorbrücke, die in die St.-Gertrud-Vorstadt führt, erblickt man linker Hand die 1896–1900 errichteten und heute unter Denkmalschutz stehenden Eisenbahnhub-, Straßenhub- und Fußgängerbrücke. Durch die kleine Grünanlage hindurch erreicht man die entlang der ehemaligen Stadtmauer führenden Straßen Wakenitzmauer und Rosenstraße mit traufständigen Kleinhäusern. Die Große Gröpelgrube – hier waren einst die Töpfer ansässig – führt zum Heilig-Geist-Hospital.

[21] Heilig-Geist-Hospital

Di–So 10–17 Uhr (Winter bis 16 Uhr)

Nach dem Großen Stadtbrand 1276 wurde am Koberg mit dem Bau eines neuen Spitals begonnen, dass vermutlich bereits fünfzig Jahre zuvor in der Nähe der Petrikirche gegründet worden war. Für das Jahr 1286 ist die Vollendung von Kirche und Hospitalhalle belegt – das Lübecker Heilig-Geist-Hospital zählt damit zu den ältesten Anlagen seiner Art in Europa. Reiche Bürger hatten es für Arme, Kranke und Alte gestiftet, um sich mit dieser frommen Tat ihr Seelenheil zu sichern und der Hölle zu entgehen – zu den sieben täglichen Gebeten mussten die Bewohner sieben Vaterunser für die Stifter beten. Zu Beginn des 16. Jahrhunderts wandelte sich

Ida Boy-Ed
1852–1928, Schriftstellerin. Ida Ed kam 1865 nach Lübeck, wo ihr Vater ein Verlagshaus betrieb. Er verlegte u.a. »Die Eisenbahnzeitung«, in der Heinrich Mann seine ersten Texte publizierte. 1870 heiratete Ed in die Patrizierfamilie Boy ein. Da ihr das Schreiben verboten wurde, verließ sie ihren Mann, kehrte jedoch bald nach Lübeck zurück. Boy-Ed, die mehr als 70 Bücher verfasste, förderte Thomas Mann und sorgte für seine Aussöhnung mit Lübeck, wo er sich durch die »Buddenbrooks« unbeliebt gemacht hatte. Als Dank erhielt Boy-Ed von der Stadt eine Ehrenwohnung, in der der Nobelpreisträger bei seinen Lübeck-Aufenthalten wohnte.

Emanuel Geibel
1815–1884. Schriftsteller. In Lübeck geboren, machte Geibel am Katharineum Abitur. Nach dem Studium der Theologie und Klassischen Philologie war er als Hauslehrer tätig. 1852–1868 lebte Geibel, ausgestattet mit einer Ehrenprofessur und als Mitglied der königlichen Tafelrunde, in München. Sein Huldigungsgedicht zur Begrüßung des preußischen Königs Wilhelm I. 1868 in Lübeck ließ ihn in Ungnade fallen, sodass er in seine Heimatstadt zurückkehrte. Der Spätromantiker gehörte im 19. Jahrhundert zu den bekanntesten deutschen Dichtern. Teile seiner patriotischen Lyrik wurden im Nationalsozialismus umgedeutet. Das 1889 geschaffene Denkmal, das sich heute rechts vom Hospital befindet, stand einst auf dem Koberg, dem damaligen Geibelplatz.

das Hospital zu einem weltlichen Altenheim. Seit 1939 verwaltet die Stadt Lübeck treuhänderisch die Heilig-Geist-Stiftung, die bis heute über reichen Grundbesitz verfügt.

Hinter der dreigiebeligen Front am Koberg mit den vier achtseitigen Stifttürmen und dem Dachreiter erstreckt sich der dreischiffige Kirchenraum, an dessen Mittelschiff sich das sogenannte Lange Haus, ein einschiffiger 88 Meter langer Saalbau für die Hospitaliten, anschließt. Das Mittelschiff der Kirche bildete ursprünglich eine räumliche Einheit mit dem Langen Haus. Durch diese ungewöhnliche Offenheit war es den Hospitalbewohnern möglich, sogar vom Bett aus dem Gottesdienst zu folgen. Einzige Abgrenzung bot der steinerne Lettner, der um 1300 über sechs Säulen errichtet wurde. Auf seiner Brüstung schildern 23 Gemälde Szenen aus dem Leben der Heiligen Elisabeth. Erst im 15. Jahrhundert errichtete man zwischen beiden eine Trennmauer und zog in das mittlere Kirchenschiff ein Sternengewölbe ein.

Im Langen Haus befanden sich in vier Reihen – getrennt in einen Männer- und einen Frauengang – die freistehenden Betten der Bewohner. 1820 baute man an ihrer Stelle aus hygienischen Gründen die je vier bis sechs Quadratmeter großen »Kabäuschen«. Nachdem 1970 (!) die letzten Bewohner diese Kammern verlassen hatten, wurde im Nebengebäude des Hospitals ein modernes Altenheim eingerichtet, sodass das Heilig-Geist-Hospital seine ursprüngliche Funktion unverändert seit über 700 Jahren erfüllt. In den Kammern findet seitdem alljährlich im Advent ein beliebter Kunsthandwerkermarkt statt.

[22] Königstraße

***Museum Behnhaus Drägerhaus** Jan.–März: Di–So 11–17 Uhr; Apr.–Dez.: Di–So 10–17 Uhr*
***Willy-Brandt-Haus** 11–18 Uhr*

Die Königstraße stellt neben der Breiten Straße die zweite Nord-Süd-Verbindung der Altstadt dar. Im 18. und 19. Jahrhundert erhielten viele der meist älteren Gebäude klassizistische Putzfassaden, sodass besonders der obere Teil der Königstraße, die Kulturmeile von Lübeck, von eleganter Wirkung ist. Linker Hand befindet sich das von einem Globus gekrönte Haus der »Gesellschaft zur Beförderung gemeinnütziger Tätigkeit« (Nr. 5).

Wenige Schritte weiter präsentiert das Museum Behnhaus Drägerhaus in zwei miteinander verbundenen Stadtpalais aus dem 18. Jahrhundert (Nr. 9–11) seine bedeutende Gemäldesammlung des 19. Jahrhunderts und der Klassischen Moderne, u.a. mit Werken von Caspar David Friedrich, Carl Gustav Carus, Max Liebermann, Lovis Corinth sowie dem auch in Lübeck tätigen norwegischen Maler Edvard Munch. Einen Schwerpunkt der Sammlung bildet die Kunst der Nazarener mit ihrem Protagonisten, dem Lübecker Friedrich Overbeck (1789–1869). Aus zwei älteren Giebelhäusern bestehend, wurde das Behnhaus 1776 vereinigt und mit einer Putzfassade versehen. Ihren Blickfang bildet die

*1789 begründet, ist die **»Gesellschaft zur Beförderung gemeinnütziger Tätigkeit«** die älteste Bürgerinitiative von Lübeck. Als feste Größe im Lübecker Kulturleben hat die hoch angesehene Gesellschaft heute über 1800 Mitglieder und fördert mehr als 80 Gesellschaften, Stiftungen und Einrichtungen wie die Kunst-, Musik- und Schauspielschule. Die »Gemeinnützige« veröffentlicht darüber hinaus die »Lübeckischen Blätter« und veranstaltet die legendären »Dienstagsvorträge«. Zu den zahlreichen gemeinnützigen Stiftungen, die für Lübecks ausgeprägten Bürgersinn stehen, gehört auch die 1915 testamentarisch begründete Possehl-Stiftung.*

Willy Brandt
1913–1992, Politiker, eigtl. Herbert Frahm. Unehelich geboren und in »unbehausten« Verhältnissen aufgewachsen, legte Brandt 1932 in Lübeck sein Abitur ab. Bereits während der Schulzeit politisch engagiert, lebte er während der NS-Diktatur im skandinavischen Exil und nahm den Namen Willy Brandt an. Als Abgeordneter der Berliner SPD im Deutschen Bundestag begann 1949 seine politische Karriere. Brandt war 1957–1966 Regierender Bürgermeister von West-Berlin, 1966–1969 Bundesaußenminister, 1969–1974 Bundeskanzler sowie 1964–1987 Vorsitzender der SPD. Mit seiner Ostpolitik unter dem Motto »Wandel durch Annäherung« leitete Brandt eine Entspannung des Kalten Krieges ein, wofür er 1971 den Friedensnobelpreis erhielt.

Attika über dem Kranzgesims, auf deren Balustrade die Götter Herkules und Merkur von jeweils zwei Frauenfiguren eingerahmt sind. Seit 1823 im Besitz der Familie Behn, erwarb 1920 eine Bank das Haus Königstraße 11. Kurze Zeit später konnte der Lübecker Museumsdirektor Carl Georg Heise, der die Zerstörung der wertvollen Innenausstattung – darunter die repräsentative zweigeschossige Diele mit umlaufender Galerie und mehrere Festsäle – befürchtete, das Gebäude mit Hilfe privater Spenden zurückkaufen und für die Stadt sichern. Die Auflage, es der Öffentlichkeit zugänglich zu machen, wurde 1923 verwirklicht. Das benachbarte Drägerhaus, für dessen Sanierung der Industrielle Heinrich Dräger über zwei Millionen Mark stiftete, ist seit 1981 Teil des Museumskomplexes. Im Skulpturengarten des Museums betreibt die Overbeck-Gesellschaft einen Ausstellungspavillon für zeitgenössische Kunst.

In der Königstraße 21 befand sich über Jahrhunderte der Sitz der sogenannten Junker- und Zirkelgesellschaft, eine Vereinigung wohlhabender Kaufleute. Auch dieses Gebäude wird von einer attikaartigen Galerie mit den allegorischen Figuren für Friede und Eintracht sowie dem Wappen der Korporation und zwei seitlichen Architekturvasen bekrönt. Seit 2007 ehrt hier die Außenstelle der Berliner Bundeskanzler-Willy-Brandt-Stiftung das Gedenken an den Nobelpreisträger, der 1913 als Herbert Frahm in Lübeck geboren wurde.

[23] Evangelisch-Reformierte Kirche

Mai–Sep. Do 11–16 Uhr

Gegenüber dem Willy-Brandt-Haus steht die 1824/26 errichtete Evangelisch-Reformierte Kirche. Ihre monumentale Fassade mit dem akzentuierenden Mittelrisalit im Stil des Klassizismus lässt das Gebäude nicht auf den ersten Blick als Gotteshaus erkennen. Die Geschichte der Gemeinde geht ins frühe 17. Jahrhundert zurück, als sich erstmals holländische Kaufleute als Reformierte in Lübeck niederlassen durften. Nach der Aufhebung des »Edikts von Nantes« kamen ab 1685 französische Hugenotten in die Hansestadt. Später vereinigten sich beide Gemeinden. Erst ab 1734 besaßen die Reformierten ein eigenes Gotteshaus vor den Toren der Stadt, da den Reformierten die öffentliche Religionsausübung innerhalb der Stadtmauern verboten war. Nach der staat-

lichen Anerkennung der Gemeinde 1811/1815 konnte mit dem Bau der neuen Kirche unter Federführung des Predigers Johannes Geibel, des Vaters des Dichters Emanuel Geibel, begonnen werden. Der halbrunde Kirchenraum mit Empore und tragenden Säulen, dessen Kanzel und Abendmahlstisch mittig angeordnet sind, erinnert an ein antikes Theater. Dieser Raum im »parlamentarischen Grundriss« diente im Revolutionsjahr 1848 als Sitzungssaal der Bürgerschaft.

[24] Katharinenkirche

Apr.–Okt.: Do–So 12–16 Uhr

An der Einmündung der Glockengießerstraße erhebt sich mit St. Katharinen die einzige erhaltene Klosterkirche von Lübeck. Seit 1225 in Lübeck ansässig, ließ der Franziskanerorden seine Klosteranlage, das Zentrum des Bettelordens im gesamten Ostseeraum, um 1300 erneuern. Im Zuge der Reformation 1531 aufgelöst, wurde das Kloster in eine Lateinschule, das Katharineum, umgewandelt und 1616 um die Stadtbibliothek ergänzt.

Die im 14. Jahrhundert errichtete Katharinenkirche blieb bis 1806 in Benutzung, bis sie während der französischen Besatzung Lübecks als Pferdestall und

Lazarett zweckentfremdet wurde. Dem Verlauf der Glockengießerstraße folgend, besitzt der dreischiffige Bau asymmetrische Seitenschiffe und ein Querhaus, das nicht über die Seitenwände hinausreicht. Anstelle des bei Bettelordenskirchen fehlenden Kirchturmes ist die Westfassade umso reicher verziert. Drei Portalnischen gliedern das Sockelgeschoss, wobei das mittlere, auf den ersten Blick kaum erkennbar, von der Mittelachse abweicht. Auch die Ungleichheit der Seiten fällt durch den mächtigen, vertikal betonten Mittelteil mit den beiden Fenstern und dem Dreiecksgiebel kaum auf. Eindrucksvoll schmiegen sich neun Figuren in die aus verschiedenfarbigen Ziegeln bestehende Fassade. Links sind dies die 1930/33 von Ernst Barlach geschaffenen Figuren Frau im Wind, Bettler an Krücken und Singender Klosterschüler. Vor der Auslieferung nach Berlin als »Entartete Kunst« versteckt, fanden sie erst 1947 ihren Platz an der Fassade. 1949 wurden ihnen sechs Figuren von Gerhard Marcks zur Seite gestellt.

Für Bettelordenskirchen ungewöhnlich ist die aufwändige Architektur, die sich neben der Westfassade auch im Inneren wiederfindet. Besonderes Augenmerk verdient der polygonale Chor, dessen Hochchor sich über einem kryptenartigen Unterchor erhebt. Zur wertvollen Ausstattung der reich ausgemalten Katharinenkirche zählen neben dem gotischen Chorgestühl und der Triumphkreuzgruppe zahlreiche Grabplatten und Epitaphien sowie das Meisterwerk »Erweckung des Lazarus« (1576) von Jacopo Tintoretto. Seit dem 19. Jahrhundert wurde die einstige Klosterkirche für Ausstellungen und Konzerte benutzt. Da St. Katharinen im Zweiten Weltkrieg von Bomben verschont blieb, nahm sie vorübergehend andere Gemeinden auf, die russisch-orthodoxe Gemeinde nutzt eine Seitenkapelle bis heute.

[25] Glockengießerstraße

Günter Grass-Haus *Jan.–März: Di–So 11–17 Uhr; Apr.–Dez.: Mo–So 10–17 Uhr*

Linker Hand der Katharinenkirche geht es anschließend die Glockengießerstraße, in der sich zahlreiche Gänge und Höfe erhalten haben, vom Kamm der Altstadtinsel hinab zur einstigen Niederung der Wakenitz. Num-

Günter Grass
1927–2015, Schriftsteller, Bildhauer und Grafiker. In Danzig geboren, studierte Grass Grafik und Bildhauerei an der Kunstakademie Düsseldorf sowie an der Hochschule für Bildende Künste in Berlin. Grass' erster Roman »Die Blechtrommel« verhalf ihm 1959 zu Weltruhm. 1999 erhielt Grass für sein Lebenswerk den Nobelpreis für Literatur, weil er »in munterschwarzen Fabeln das vergessene Gesicht der Geschichte gezeichnet hat«. 2003 wurde Grass, der in der Nähe von Lübeck lebte, Ehrendoktor der Universität Lübeck.

mer 21 beherbergt das Günter Grass-Haus, das 2002 anlässlich des 75. Geburtstages des Nobelpreisträgers eröffnet wurde. Die Dauerausstellung widmet sich dem künstlerischen Schaffen von Grass als Schriftsteller, Grafiker, Maler und Bildhauer. Neben Manuskripten und Bildern sind zahlreiche Originalexponate wie die Schreibmaschine, auf der Grass »Die Blechtrommel« schrieb, oder die Nobelpreisurkunde zu sehen.

Der benachbarte Füchtingshof (Nr. 23–27) ist einer der schönsten Stiftungshöfe in Lübeck. Anstelle der schmalen Durchlässe zu den Wohngängen ist das barocke Prunkportal zugleich ein Denkmal für den Stifter, den 1637 verstorbenen Kaufmann Johann Füchting. Getreu seiner testamentarischen Verfügung, Arme zu unterstützen, lebten Witwen von Kaufleuten und Schiffern mietfrei in der Wohnanlage. Nur wenige Schritte weiter lohnt ein Blick in Glandorps Hof (Nr. 39–53). 1612 von dem Kaufmann Johann Glandorp gestiftet, ist er der älteste der großen Stiftungshöfe, in dem bis heute alte Menschen wohnen.

Beim Gang durch die Hundestraße, eine typische Straße des ehemaligen Handwerkerquartiers, das sich im Osten Lübecks erstreckte, passiert man rechter Hand den Höveln-Gang (Nr. 55), die Stadtbibliothek und das Katharineum.

Glandorps Hof

[26] Löwen-Apotheke

An der Kreuzung der König- mit der Dr.-Julius-Leber-Straße erhebt sich eines der ältesten Lübecker Bürgerhäuser. Während der Hintergiebel noch aus der Erbauungszeit um 1230 stammt, entstand der prachtvolle Hauptgiebel Mitte des 14. Jahrhunderts. Doch nicht nur baugeschichtlich kann das Gebäude spannende Geschichten erzählen. Als Kaiser Karl IV. 1375 die aufstrebende Hansestadt besuchte, logierte hier seine Gattin Elisabeth. Um zur gegenüberliegenden Residenz des Kaisers zu gelangen, ließ der Rat der Stadt extra eine hölzerne Brücke über die Königstraße bauen. Die bis heute bestehende Löwen-Apotheke wurde 1812 begründet. 1901 verhinderte der Apothekerlehrling Erich Mühsam den Abriss des baufälligen Gebäudes. 1942 ausgebrannt, steht die wiederhergerichtete Löwen-Apotheke seit 1967 unter Denkmalschutz. In der dazugehörigen »Löwen-Manufaktur« gibt es heute Arzneien und Pflegeprodukte nach alten Rezepturen.

In der Nähe des Schrangens biegt man in die Fleischhauerstraße, die an die im Mittelalter hier ansässigen Schlachter und Fleischer erinnert. Hier ist im Haus Nr. 79 ein typisches mittelalterliches Lübecker Dielenhaus zu besichtigen. Die Hüxstraße mit ihren über einhundert individuellen Läden gilt als abwechslungsreichste Einkaufs- und Ausgehmeile von Lübeck.

Erich Mühsam
1878–1934, Schriftsteller und Publizist. Mühsam wuchs in Lübeck auf, wo sein Vater eine Apotheke in der Nähe des Holstentores besaß. Wegen »sozialistischer Umtriebe« musste Mühsam das Katharineum verlassen. Als sein erstes publizistisches Meisterwerk bezeichnete er die Rettung der Löwen-Apotheke, die er durch Artikel in fünf Lübecker Zeitungen initiierte. Seit 1909 in München wohnend, arbeitete Mühsam u.a. als freier Schriftsteller beim »Simplicissimus« und wurde für seine satirischen Artikel und Gedichte berühmt. Als Mitglied des Zentralrates der Münchner Räterepublik war Mühsam nach einem Putschversuch 1919–1924 in Haft. Der Sozialrevolutionär wurde 1933 als einer der ersten Intellektuellen verhaftet und 1934 hingerichtet.

[27] St. Aegidien

Di–Sa 10–16 Uhr

In der Aegidienstraße mit ihrer kleinbürgerlichen Bebauung und der städtebaulich reizvollen Straßengabelung erblickt man mit St. Aegidien die Kirche des Handwerkerviertels. Im Ensemble der Lübecker Innenstadtkirchen ist sie zwar die kleinste, verfügt heute jedoch über die größte Gemeinde. Dem im Mittelalter populären Heiligen Ägidius von St. Gilles geweiht, wird die 1227 erstmals urkundlich erwähnte Kirche im Plattdeutschen auch als »Tilgenkark« bezeichnet, worauf das »T« in ihrem Wappen verweist. Die Pastoren der Aegidienkirche gehörten zu den ersten, die sich in Lübeck zur Reformation bekannten: 1530 feierten sie erstmals das Abendmahl unter beiderlei Gestalt und gingen erste Ehen ein.

In der ersten Hälfte des 14. Jahrhunderts entstand die gotische Halle mit zwei schmalen Seitenschiffen; der Chor mit polygonalem Abschluss und seitliche Kapellenanbauten kamen im 15. Jahrhundert hinzu. Im Westen der Aegidienkirche erhebt sich der im 13. Jahrhundert begonnene fünfgeschossige Kirchturm mit hohem achtseitigem Spitzhelm. Abgesehen von der Zerstörung der Fenster als Folge der Druckwelle einer Luftminie blieb St. Aegidien im März 1942 von größeren Kriegsschäden verschont und besitzt eine reiche Ausstattung. Dazu gehören ein auf 1453 datiertes Taufbecken, die hölzerne, mit Gemälden verzierte Lettnerbühne (»Singechor«) von 1586/87, der barocke Hochaltar und die Kanzel vom Beginn des 18. Jahrhunderts sowie mehrere Epitaphien. Während die Orgel im Laufe der Jahrhunderte mehrfach erneuert wurde, stammt das historische Orgelprospekt noch von 1625. Rund um die Kirche befanden sich mehrere Fürsorgeeinrichtungen wie der Aegidienhof, der heute zum Wohnen genutzt wird.

[28] Museumsquartier St. Annen

Jan.–März: Di–So 11–17 Uhr; Apr.–Dez.: Di–So 10–17 Uhr

Bevor man in der St.-Annen-Straße das gleichnamige Museumsquartier erreicht, passiert man linker Hand die Lübecker Synagoge, die 1879/80 als neogotisch-

maurischer Kuppelbau errichtet wurde. Nach der Pogromnacht 1938 wurde sie als Turnhalle, Kinderheim und Theaterlager zweckentfremdet, bevor sie 1945 der jüdischen Gemeinde zurückgegeben und als vereinfachtes Gebäude neu geweiht wurde.

Der St.-Annen-Konvent der Augustinerinnen, der ab 1502 als zweites Lübecker Kloster zur Aufnahme unverheirateter Töchter errichtet wurde, löste sich im Zuge der Reformation bereits 1532 wieder auf. Fortan dienten die Klosterbauten als Armen-, Werk- und Zuchthaus, und in der zwischenzeitlich als Lager genutzten Kirche fanden wieder Gottesdienste statt. Durch einen Brand 1843 zerstört, wurde die Kirchenruine 1875 abgebrochen. Auf den Resten der backsteinernen Umfassungswände und den mächtigen Achteckpfeilern, zu erreichen durch das einstige Kirchenportal, entstand 2002/04 die Kunsthalle St. Annen, in der die ständige Kunstsammlung mit dem Schwerpunkt nach 1945 sowie Wechselausstellungen mit überwiegend zeitgenössischer Kunst präsentiert werden.

Bereits 1915 wurde in der Klosteranlage mit dem vierflügeligen Kreuzgang auf Initiative der »Gemeinnützigen« ein Museum für Kunst und Kulturgeschichte eröffnet. Zur wertvollen Sammlung gehören sakrale Bildwerke aus Lübeck, darunter die größte Anzahl mittelalterlicher Flügelaltäre in Deutschland. Nach-

Stadtmauerturm An der Mauer

dem man auf dem bisherigen Stadtrundgang zahlreiche Wohngebäude nur von außen bestaunen konnte, erfährt man in der Ausstellung »Im Inneren des Weltkulturerbes« in teils mit originalen Einbauten und unzähligen Sachzeugen versehenen Räumen anschaulich, wie die Lübecker einst lebten. Ein gut sortierter Museumsladen sowie das Kunstcafé runden den Besuch des »Museumsquartiers« ab.

Über die Düvekenstraße ist die Straße An der Mauer zu erreichen, wo man anhand einer Häusergruppe mit einbezogenem Halbturm aus dem 13. Jahrhundert den ehemaligen Verlauf der Stadtmauer nachvollziehen kann. Dort, wo sich einst die Bleichwiesen an der Wakenitz befanden, entstand Ende des 19. Jahrhunderts eine – nach Geschlechtern getrennte – Badeanstalt.

[29] Domkirchhof

Museum für Natur und Umwelt *Di–Fr 9–17 Uhr, Sa/So 10–17 Uhr*

Die Mühlenstraße überquerend, gelangt man zur Musterbahn. Sie ist vermutlich nach den hier ansässigen Ställen, deren Pferde vor Verkauf auf dem nahegelegenen Pferdemarkt gemustert wurden, oder aber dem Ort der Begutachtung der städtischen Miliz benannt. Aus der bürgerlichen Bebauung, die nach Abbruch der Stadtmauer ab 1875 errichtet wurde, ist Nr. 3 erwähnenswert: die Fassade wurde mit Terrakottaschmuck des 16. Jahrhunderts aus der Werkstatt des Statius von Düren verziert.

Links vom Dom befindet sich Lübecks ältestes Museum, das Museum für Natur und Umwelt, das Reste des spätromanischen Domkreuzgangs einbezieht. Vorbei an den Schulgebäuden, die im 19. Jahrhundert anstelle des Bischofshofes errichtet wurden, eröffnet sich der Domkirchhof. In der sogenannten Domfreiheit, deren Bewohner bis Anfang des 19. Jahrhunderts dem Domkapitel unterstanden und von allen städtischen Auf- und Abgaben befreit waren, lagen die Kurien der Domherren. Aus nördlicher Richtung kommend, führt der Weg durch die Straße »Fegefeuer« – wie auch in der damaligen kirchlichen Lehre – entweder in die »Hölle«, die als kleine Gasse vom Fegefeuer abzweigt, oder aber geradewegs zum »Paradies«, die um 1250 erbaute offene Vorhalle des Domes. Mehrfach und zu-

Statius von Düren
Um 1520 – vor 1570, Bildhauer. Wenn heute auch nur wenig über das Leben des vermutlich aus Düren stammenden Bildhauers bekannt ist, so haben sich im Stadtbild von Lübeck sowie u.a. im Schweriner Schloss und im Wismarer Fürstenhof einige seiner Werke erhalten. Seine vor dem Holstentor gelegene Werkstatt fertigte Form- und Bildnissteinplatten, die großflächige Backsteinmauern auflockerten und, gemäß dem Zeitgeschmack der Renaissance, die Horizontale betonen halfen. Durch die serielle Herstellung war seine »rote Kunst« auch für private Hausbesitzer, die mit prächtigen Fassaden ihren Reichtum zur Schau stellten, erschwinglich.

»Paradies«

letzt in den 1980er Jahren rekonstruiert, ist das innere Portal zur Kirche mit Gewände und Tympanon reich verziert. Vor dem heutigen Haupteingang des Domes erinnert seit 1975 ein Denkmal an den Stadt- und Bistumsgründer Heinrich den Löwen. Dabei handelt es sich um eine Kopie des berühmten »Braunschweiger Löwen« von 1166, der als älteste erhaltene mittelalterliche Großplastik nördlich der Alpen gilt.

[30] Dom

10–16 Uhr

Bereits ein Jahr nach der Neugründung von Lübeck verlegte Heinrich der Löwe 1160 den Sitz des Bistums Oldenburg nach Lübeck, wo 1173 der Grundstein der romanischen Domkirche gelegt wurde. Die Weihe der Backsteinkirche fand 1247 statt. Einhergehend mit der ständigen Konkurrenz zwischen Domkapitel und Bürgerschaft und beeinflusst von der Bauweise der Ratskirche St. Marien, erhielt der Dom 1266–1335 einen gotischen Hallenumgangschor. In Angleichung daran baute man das basilikale Langhaus zu einer dreischiffigen Hallenkirche um, indem die Zwischenwände und Seitenschiffgewölbe herausgebrochen, die Seitenschiffe erhöht und zusätzlich auf beiden Seiten der Halle niedrige Kapellenreihen angefügt wurden. Abgesehen von weiteren mittelalterlichen Kapellenanbauten, darunter die östlich des Chors gelegene Marientidenkapelle von 1445, und äußerlichen Veränderungen im 19. Jahrhundert bewahrte der Dom zu Lübeck über Jahrhunderte sein Aussehen.

In der Nacht zu Palmsonntag 1942 stand die von Bomben getroffene Kirche lichterloh in Flammen, die Dächer verbrannten, Seitenschiff- und Chorgewölbe stürzten ein, Fenster zersplitterten und kostbare Ausstattungsstücke gingen verloren. Nach dem Krieg erlitt der Dom durch den herabstürzenden Querhausgiebel, der 1946 das Paradies zerstörte, sowie zahlreiche einstürzende Gewölbe weitere Schäden. Erst in den 1960er Jahren begann der jahrzehntelange Wiederaufbau und damit einhergehend die Neugestaltung des Inneren.

Der Eindruck des weiß getünchten Innenraums wird beherrscht von dem hölzernen Lettner und dem Triumphkreuz aus der Werkstatt des Bildschnitzers und

Rechts: Triumphkreuzgruppe und Lettner

Blick über den Mühlenteich zum Dom

Malers Bernt Notke. Der Lettner, der den den Domherren vorbehaltenen Chorraum vom Langschiff trennte, ist als dreijochige Halle ausgebildet, deren geschnitzte Empore auf Granitstützen ruht. Darüber prangen hohe Figurenbaldachine der Dompatrone (Maria, Johannes der Täufer, Blasius und Nikolaus). Einen Teil der Empore nimmt die 1627 ergänzte, reich verzierte Uhr ein. Die mächtige Triumphkreuzanlage gab 1477 der Bischof Albert Krummedick als Teil seiner Grablege in Auftrag. Im Mittelpunkt des ursprünglich 72 Figuren umfassenden Bildprogramms steht der gekreuzigte Christus. Rund um das als Lebensbaum gestaltete Kreuz befinden sich die 24 Ältesten des Alten Testaments, die vier Evangelisten sowie die zwölf Apostel des Neuen Testaments. Bekrönt wurde das Kreuz von den Domheiligen und dem Gottvater. Unter dem Kreuz sind, von links nach rechts, Adam, die trauernde Maria, Maria Magdalena, der kniende Stifter sowie Johannes und Eva versinnbildlicht. Zu den weiteren Kostbarkeiten des Doms zählen neben den Überbleibseln der einst über 40 im Dom aufgestellten Altäre Bronzetaufe (1455), Kanzel (1568), zwei lebensgroße Marienfiguren aus Sandstein (um 1450/1509) sowie Epitaphien und Reste des Gestühls aus verschiedenen Jahrhunderten. Im Nordturm erläutert eine Ausstellung Wissenswertes aus der Geschichte des Bauwerkes und seiner Gemeinde.

[31] Parade und Malerwinkel

Herz-Jesu-Kirche

Am Zeughaus vorbei, das 1594 im Stil der Niederländischen Renaissance erbaut wurde und bis 2007 die Lübecker Völkerkundesammlung beherbergte, gelangt man zur Straße Parade, so benannt nach den Paraden des städtischen Militärs vor dem Zeughaus. Linker Hand erhebt sich die im neogotischen Stil errichtete und 1891 geweihte Herz-Jesu-Kirche. Sie ist die einzige katholische Kirche der Lübecker Innenstadt und weist mit ihrem im Westen gelegenen Altarraum eine Besonderheit auf. Eine kleine Ausstellung sowie die Gedenkstätte in der Krypta des Gotteshauses erinnern an die 2011 seliggesprochenen vier Lübecker Märtyrer, die am 10. November 1943 von den Nationalsozialisten hingerichtet wurden.

Das auf der anderen Straßenseite liegende neogotische Schloss Rantzau beherbergt heute die Verwaltung des Schleswig-Holstein Musik Festivals. Durch das einstige Viertel der Flussschiffer mit seiner weitgehend geschlossen erhaltenen kleinbürgerlichen Bebauung verschiedener Epochen und einer Vielzahl von Wohngängen gelangt man durch jede der zur Trave hinab führenden Straßen – Harten-, Dankwart- oder Marlesgrube – zum berühmten »Malerwinkel«: Über eine Fußgängerbrücke erreicht man am Westufer der Trave die Wallanlagen, von wo aus man mit dem vermutlich schönsten Blick auf Lübeck den Tag ausklingen lassen kann.

Blick vom »Malerwinkel« auf die Altstadt

Lübeck an einem Tag. Ein Stadtrundgang
Herausgegeben von Mark Lehmstedt

Text: Michael Schulze
Lektorat: Kristina Schulze/Lehmstedt Verlag
Karte: OpenStreetMap-Mitwirkende, geodressing.de
Fotos: Michael Schulze, außer: Siegfried Kuttig/Alamy Stock Foto (S. U1), Hajo Dietz/Nürnberg Luftbild (U2), Günter Müller (S. 4, 5, 7, 13, 15 o., 25, 30, 32, 34, 37, 45), St. Marien Lübeck (S. 16), Kuttig-Travel/Alamy Stock Foto (S. 31), Arterra Picture Library/Alamy Stock Foto (S. 40)
Gestaltung: Mareike Bardenhagen/Lehmstedt Verlag
Druck: druckhaus köthen GmbH & Co. KG, Köthen (Anhalt)

Umschlag:
1: Holstentor
2: Dom, Blick von Westen
3: Luftbild
4: Figur des Merkur auf der Puppenbrücke
5: Reliefplatte, Effengrube 2

5. aktualisierte Auflage, 2024
ISBN 978-3-95797-019-0